VENTE

Du Mercredi 8 Novembre 1899

HOTEL DROUOT, SALLE N° 11

A deux heures un quart

TABLEAUX ANCIENS

DES

ÉCOLES ANGLAISE, FLAMANDE

FRANÇAISE, HOLLANDAISE ET ITALIENNE

Portraits, Panneaux décoratifs, Sujets allégoriques

Dessus de portes

MEUBLES, OBJETS D'ART

Deux vases, scènes de batailles du Ier Empire par I. VERNET

Me **J. PLAÇAIS**	**M. A. BLOCHE**
Commissaire-Priseur	*Expert*
29, Rue de Maubeuge, 29	28, Rue de Châteaudun, 28

EXPOSITION PUBLIQUE

LE MARDI 7 NOVEMBRE 1899

DE 2 HEURES A 6 HEURES

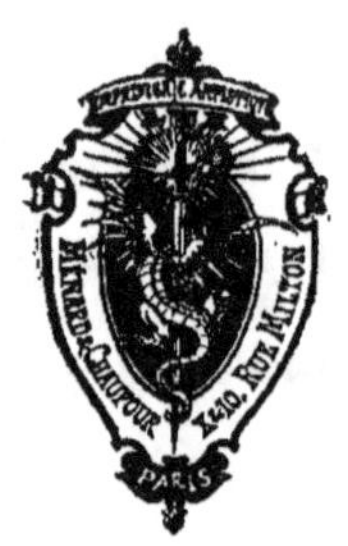

CONDITIONS DE LA VENTE

Elle aura lieu au comptant.

Les acquéreurs paieront *cinq pour cent* en sus des prix d'adjudication.

L'exposition mettant le public à même de se rendre compte de l'état et de la nature des objets, il ne sera reçu aucune réclamation une fois l'adjudication prononcée.

DÉSIGNATION

TABLEAUX

1 — **Baudoin** (attribué à). *Le Verrou.*

2 — **Bonington**. *Vue de Venise.* Aquarelle

3 — **de Bonnemaison**. *Piqueur ·à cheval et ses chiens.* Signé à gauche.

4 — **Boucher** (d'après). *La Surprise à la Bergère.* Panneau décoratif peint à la détrempe.

5 — **Boucher** (d'après). *Bergères près d'une fontaine.*

6 — **Chardin** (genre de). *Portrait d'un marquis.* Pastel.

7-8 — **Coypel** (école de). *Sujets mythologiques.* Deux pendants.

9 — **Daubigny** (d'après). *L'Allée des gros arbres.*

10 — **Dehodenec** (ALFRED). *Sultane et négresse.* Signé.

11 — **Delacroix** (A.). *Pêcheurs et Pêcheuses au bord de la Méditerranée.* Signé.

12 — **Dherbés** *Une rue de village.* Aquarelle.

13 — **Drouais** (genre de). *Portrait de petite femme en robe bleue à ruché blanc.*

14 — **Drouais** (genre de). *Portrait de petite fille.*

15 — **Fragonard** (attribué à). *Le Rossignol.*

16 — **Fragonard** (d'après). *Jeune Fille courant.*

17 — **Frau.** *L'Orientale.*

18 — **Fyt** (attribué à). *Chien de chasse, Gibier et Fruit.* Grand panneau.

19 — **Greuze** (attribué à). *La Petite pensive.*

20 — **Guardi** (attribué à). *La Place Saint-Marc
à Venise.*

21 — **Huet.** *Les Amants surpris.* Panneau décoratif peint à la détrempe.

22 — **Huet** (attribué à). *Le Berger galant.* Dessus de porte.

23 — **Huet** (école de). *Paysanne couvrant de
fleurs un jeune pâtre.* Petit panneau décoratif.

24 — **Jouffroy.** *Portrait d'un Architecte du
Palais de Versailles.* Signé à droite et
daté 1756.

25 — **La Rosalba** (École de). *Portrait de
femme avec robe à fleurs, décolletée.* Pastel.

26-27 — **Leclerc** (attribué à). *Fleurs.* Deux
dessus de portes.

28 — **Leclerc des Gobelins.** *Baigneuses.*

29 — **Lemoine** (genre de). *La Tentation et
l'Abondance.* Panneau décoratif.

30 — **Mainz** (RAPHAEL). *Portrait d'homme tenant
un carton.*

31 — Melin. *Chiens de chasse*. Dessin à la plume. Cadre bois sculpté.

32 — Oudry. *Chien en arrêt sur des faisans*. Dessus de porte avec encadrement époque Louis XV.

33 — Paccico. *Portrait de grande dame espagnole parée de perles, robe de brocart jaune et collerette de dentelles*. Très bon tableau.

34 — Poussin (attribué à NICOLAS). *Beau paysage accidenté animé de nombreux personnages*,

35 — Prudhon (école de). *Danaë*. Joli tableau. Cadre bois sculpté et doré.

36 — Rousseau (attribué à TH.). *Sous Bois*. Signé du monogramme Th. R.

37 — Tiepolo (genre de). *Scène de pillage*.

38 — Tournière (attribué à). *Portrait d'une Dame de qualité sous les traits d'une nymphe jouant avec un amour dans un parc*. Cadre bois sculpté.

39 — Tournière (école de). *Portrait de femme en manteau rouge brodé*.

40 — **Trinquesse** (d'après). *Portrait de femme avec bonnet blanc.*

41 — **Van Dyck** (école de). *Le Calvaire.*

42 — **Van Loo** (Michel). *Portrait de jeune princesse représentée en pied, caressant son carlin.*

43 — **Van Loo** (école de). *La Leçon de peinture.*

44 — **Vassari.** *La Charité.*

45 — **Vernet** (Joseph). *Bords de la Méditerranée, avec personnages.*

46 — **Véronèse** (genre de). *Etude de femme nue.*

47 — **Winterhalter** (attribué à). *Portrait du Comte de Chambord jeune.* Cadre bois sculpté.

48-49 — **Wit** (J. de). *Les Quatre saisons.* Quatre dessus de portes en grisaille

50 — **Wouwermans** (école de). *Barques près d'un lac avec troupeau sur les bords.*

51 — **Ecole ancienne.** *Le Temps.* Grand tableau.

52 — **Ecole anglaise**. *Petite fille tenant des fleurs dans son tablier.*

53 — **Ecole anglaise**. *Portrait de magistrat.*

54 — **Ecole anglaise**. *Portrait de femme en costume bleu.*

55 — **Ecole française**. *Les amants observés.* Dessus de porte.

56 — **Ecole française**. *Colonne avec médaillon enguirlandé de fleurs.* Panneau décoratif.

57 — **Ecole française**. *Princesse tenant un oiseau.*

58 — **Ecole française**. *Dame de qualité parée de joyaux et caressant un petit chien.*

59 — **Ecole française**. *Personnages au bas d'une maison.* Panneau décoratif.

60 — **Ecole française**. *Amour tenant une corbeille de fleurs.* Dessus de porte.

61 — **Ecole française**. *Pastorale.* Toile ovale.

62 — **Ecole française**. *La Toilette de Vénus.*

63 — **Ecole française**. *Portrait de femme avec devant du corsage en dentelle.*

64 — **Ecole française**. *Bergère tenant sa houlette.*

65 — **Ecole française**. *Portrait de femme en robe rose et fichu de mousseline, coiffée d'un bonnet.*

66 — **Ecole française**. *Portrait de femme, coiffure haute à longues boucles.*

67 — **Ecole française**. *Portrait de femme avec ruban au cou.*

68 — **Ecole française**. *Portrait de femme, époque de Louis XIV.* Pastel.

69-70 — **Ecole française**. *Vénus et l'Amour et Flore et l'Amour.* Deux dessus de portes.

71 — **Ecole française**. *Maison au bord d'un lac.* Aquarelle.

72 — **Ecole française**. *Portrait de Louis-Philippe.*

73 — **Ecole française** (1830). *Portrait de dame, coiffée d'un diadème.*

74 — **Ecole hollandaise.** *Pommes, poires et nèfles.* Nature morte.

75 — **Ecole italienne.** *Nymphes et Bacchants réunis dans un parc.*

76 — **Ecole italienne.** *L'Adoration de l'Enfant Jésus.*

77 — **Ecole moderne.** *Tête de chien de garde.*

78 — **Ecole moderne.** *La Moisson.* Signé DAUBIGNY.

79 — Six gravures en couleur.

80 — Tableaux omis.

OBJETS D'ART, MEUBLES

81 — Paire de beaux vases en porcelaine de Tournai ou de Saint-Amand, décor gros bleu à rehauts d'or représentant au pourtour les batailles d'Iéna et de Friedland, peintures de I. Vernet (signées). Riches montures en bronze ciselé et doré.

82— Belle garniture de cheminée en bronze doré à figures d'enfants, patine foncée, composé d'une pendule et de deux candélabres à bouquets de lys à cinq lumières. Cadran signé RAINGO.

83 — Paire de torchères en bronze, parties brunes et dorées à cinq lumières, pieds à griffes et coquilles. Époque du Ier Empire.

84-85 — Deux lustres en cristaux.

86 — Statuette en bronze argenté : Ondine, de MATHURIN MOREAU.

87 — Bas-relief en marbre ancien : Scène romaine.

88 — Deux salières en argent. Style Louis XVI.

89 — Piano droit en palissandre à cordes obliques, de GAUDERMEN.

90 — Vitrine en palissandre et marqueterie de bois, garnie de bronzes.

91 — Console bois sculpté. Style Louis XV.

92 — Bergère bois sculpté, garnie de soie jaune brochée. Style Louis XV.

93 — Table de milieu en bois noir sculpté à rehauts d'or. Style Louis XVI.

94 — Deux escabeaux en bois sculpté. Style flamand.

95 — Deux chaises en bois noir sculpté à rehauts d'or. Style Louis XVI, couvertes de soierie.

96 — Guéridon en bois noir incrusté d'ornements et de filets en cuivre.

97 — Commode en marqueterie de bois de rose.
Époque Louis XVI.

98 — Encoignure en bois de palissandre et filets
de cuivre, dessus de marbre veiné. Époque
Louis XVI.

99 — Tapis.

100 — Objets et meubles omis.

Paris. — Imp. Ménard et Chaufour 8-10, rue Milton.